सुशांत कुमार की रानी
SUSHANT KUMAR'S RAANI

सुशान्त कुमार

ISBN 979-888530510-5

तुम्हीं को समर्पण

क्रम-सूची

क्रम-सूची

क्रम-सूची

प्रस्तावना

"यह पूरी पुस्तक एक ही इंसान पर है , और उसकी कहानी पर! बस शब्दों का फेर है, और लोग इसे कविता, गजल, कह देते हैं . किताब में आप पाएंगे कि लेखक के अंदर कितने विचार एक ही दिन में उमड़ पड़े, और कैसे उसने पूरी कहानी ,पूरे जज्बात ,13 घंटे में लिख डाले!"

भूमिका

यह लेखक की दूसरी किताब है ,और विज्ञान से ज्यादा उन्हें दिलचस्पी है , इंसानों में . इंसान सबसे अनोखा और सबसे खूबसूरत जीव है धरती पर ! और इंसानों में भी खूबसूरती बढ़ा देता है एक वर्ग जिसे स्त्री कहते हैं . बिना इनके इंसान वर्ग अधूरा है . वैज्ञानिक तौर पर भी और अन्य तौर पर भी ! लेखक ने खुद को एक चुनौती दी और 24 घंटे में 101 कविता लिखने का सोचा , पर उन्होंने 13 घंटे में ही यह कर दिखाया और 13 घंटे में लिखी यह 101 कविताएं आपके सामने हैं . इनकी पहली पुस्तक थी, <u>सुशांत कुमार 6 कहानियां</u> जिसको आपको अवश्य पढ़ना चाहिए, क्योंकि इनका मानना है, विज्ञान वह अनसुलझा रहस्य है जिसमें इंसान फंसा हुआ है और विज्ञान के चमत्कारिक संभावना से गुजरती हुई इनकी यह पुस्तक है <u>सुशांत कुमार 6 कहानियां.</u>

एक बार इस पुस्तक को मौका जरूर दें

पावती (स्वीकृति)

""

आमुख

आमुख

आमुख

sushant kumar

1. अकेला

एक शख़्स अकेला ,
न किसी का झमेला ।
अलग उसकी दुनिया,
था दुनिया में, ज़रा नवेला ।
थे कई सितारे मन में ,
थी ना जवानी अभी तन में।
अभी थी बड़ी भैंस , खातिर .
न अक्ल जड़ी थी मन में।
था न चतुर , पर डरपोक बड़ा
सबसे छुपकर उस ओर खड़ा।
लड़ती थी दुनिया एक जंग,
वह अपने में था मस्त बड़ा।
फिर दोस्त ने उसको कहा कि, फेंको
थोड़ा झूठा रह कर देखो ।
दुनिया मे हंसी भी कुछ है,
तुम बाएँ , मुड़कर ,देखो।

2. जादूगर

है सब मतलबी पर रहने दो,
थोड़ी गर्मी तन सहने दो।
लगने दो अंगारों का मेला ,
इश्क की नदियां बहने दो।
बैठी रहती है ,कैसी चिड़िया ,
बक्सों में रहती है पुड़िया।
यह बताओ घर किसका है ?
किसकी है? यह चीर की गुड़िया।
नब्ज़ दबा लो, मेरी मान।
थोड़ा मर लो मेरी जान ।
कैसे करती हैं नखरे-वखरे,
जादूगर हो क्या? मेरी जान।
मेरी परी रहती महलों को ,
नाज़ुक है, वहीं रहने दो ।
तीतर है फिर आएगी ,
फर्क निरी मात्र है, रहने दो।

3. ठहरी-ठहरी

मेरी यादें, रातें तुम
ठहरी-ठहरी बातें तुम!
कैसे कहती हो, करगी जान.
सब ऊंचों की जातें तुम!
ये कैसा एक हुआ है?
काम नहीं ए नेक हुआ है.
मौला का है, मस्ती ज़ादा!
अब खुद में अनेक हुआ है !
बातें करती है, मुझसे न!
कुछ तो कहती हो, मुझसे न!
ये जैसे हैं नैन-मटक्के,
ये बने हैं, बस मुझसे न!
कैसी बातें? एहसासें तुम ,
सूखी खैर सासें तुम
ये वर्ग बना है कैसा जां?
पूजा पाठ, हाँ ताशें तुम!

4. खुशकिस्मत

खुदगर्जी सो खुद की हार,
पर बेदर्दी, घुटती मार!
न मेरे घर उजाला! क्यों?
मेरी क्यों छोटी है तार?
वो बेखुद, खिड़की से जाल,
बेफिजूल था बीता साल!
न हिम्मत है क्या कहूँ,
खुशकिस्मत पर , फटेहाल!
ये इश्क़ ले डुबेगा न,
देखो फिर ये चीखेगा न
होगी मस्तियां, मस्त हम होंगे,
हुआ अभी जो ,होगा ना
बढ़ती, बीती, बातें बेकार
मेरा मुख, माखन मटखार
चलो ,कहां ?देखेंगे,
ले जाता है, मेरा पहला प्यार

5. चीनी-दही

गलत हुआ, यह सही नहीं
इश्क है चीनी-दही नहीं
ले डूबेगा या फिर पार ,
बच इससे ,फिर खतरा कहीं नहीं
ना कह दे ,नहीं नहीं
करेगी पहले पहल वही
कैसे होगा कल्याण तेरा ?
तू मर्द है वही नहीं
जन्म-जन्म ना? अरे नहीं !
तो फिर यह फिर,कहीं नहीं
इश्क है मरते दम तक होगा ,
नहीं हुआ तो कोई नहीं

बनो बनाओ तुम अपनी जान
खिलौने के दिल यह ,नहीं नहीं
अरे रुक जा ,ना पाएगा रुक
इश्क ले लेगा तेरी जान,
जान पर अभी नही!

6. हाथ लिलार

हो इन्कार इश्क मगर हो ,
होगी टकरार इश्क अगर हो
लिया जाएगा हां हाथ तुम्हारा ,
लिलार सा हाथ, अगर हो
यह सपना मेरा सफल हो ,
घर हमारा इश्क नगर हो
ले लिया करे चांदनी चुस्की भी,
एक चांद मेरे तू अमर हो
हो आंगन में एक पेड़ नीम का,
हलकट मीठा भी जब जबर हो
हो कैसे भी इश्क हमारा ,
अब हमसे ,ना तनिक सबर हो
बहती हैं बातें बातूनी
बेमतलब ना अगर हो ,
मेरा समय , तुम्हारी बांह
ऐसा सफर हमारा मगर हो।

7. मुफ़्त की

ना कुछ भी कहना प्यार में,
बस रहना इंतजार में
यह लकीरें यह कुंडलियां झूठी हैं ,
तुम पर भी गिरा ,कोई प्यार में
यह वादियां ,यह साये, छिपे इतवार में ,
ना नकल सी लगी , पत्तियां पतवार में
है अकेला तू मेरा,
तुझ सा कौन संसार में
मिली मोहब्बत मगर समझदार में,
ज्यादा सही थोड़ी असरदार में
न हासिल हुई दुआ कभी मेरी,
ना तो मिला तू भी अंधकार में
मुफ़्त की थी तो मोहब्बत हुई,
कहां नसीब यह आधार में
सबका कटा है जान ,मान
कोई नहीं जीता इश्क पहली बार में

8. उड़ता तीर

नहीं मैं मान लूं भी कैसे ?
पत्थर ,पानी ,पीर के जैसे
आह भर ,मेरी दुआ लगेगी
इश्क लगा , उड़ता तीर हो जैसे
बेमन मुझको ना प्यार हुआ
सब ऊपर से ही , इकरार हुआ ,
ले लेते हैं ,बेखुद बागी
कुछ ऐसा संसार हुआ
थी कहानी नयी मेरी
बड़ी सुहानी सही मेरी,
पन्नों ने साथ दिया था न,
दूर दीवानी कहीं मेरी
उसकी चंचल का, असार भी नहीं ,
मेरी बातों में गुलजार भी नहीं
कैसे बढ़ेगी बातें जी
प्यार हुआ था पर , प्यार भी नहीं

9. पूनम-तम

कल ही तो हुआ था , तुमसे
मैंने छीना जो हुआ था तुमसे
मन, मान मेरी सुन ,
इश्क हमारा हुआ था गुल से
लापता था, था बड़ा मामला,
फिर लजाती ,तू भी क्या बला
तेरी मद नैनों की जो मानूं,
तेरे नैनों में भी, थी कला
हाल-हाल से चाल ढाल से ,
कैसी गोरी खाल बाल से
बेगम बाघों सी थी चंचल,
बड़ी हुई पर चाल छल से
मैं मनमारा, मूर्ख सिपाही
वह चांद ,पूनम ,तम से
डरते-डरते , गिरते-पड़ते
कुछ ऐसा प्यार , हुआ था तुमसे

10. हाल पत्रों का

वह गुलाब हम लाल लगे
प्रेम का ऐसी जाल लगे ,
बच्चे बच्चों की सुखरानी वह
मियां अभी पर मलाल लगे
गति गड़ारी की बचपन सी
वह मेरी मन, बंसी
प्राण दामिनी मन की वह
मैं बच्चा, वह पचपन सी
ले ली थी अब चुनौती ,
पीछे की तो बात नहीं
सब संभाल लेंगे वैसे भी,
अभी घटाते रात नहीं
दम उसका भी बवाल लगे,
हम पत्रों का हाल लगे
इश्क नहीं था कच्चा अपना
होने के ,पूरे साल लगे

11. दरारें

है देखी तुमने ज़मी होगी,
हरियाली पर कम ही होगी
सुंदर होगी रेत कहीं की,
प्यासी होगी नमी कहीं भी
बेतुक होंगे बांस कहीं के,
कालीन सी घास कहीं की
न सुंदर होगीं दरारें, माना!
बेमिसाल होगी, प्यास किसी की
अंतिम हो पग जो तेरा,
इश्क की तब मंजिल तेरी
आंखें होगीं नम न, जालिम!
पुतली होगी धूमिल तेरी
चलेगी तू पर जलेगी तू ,
मन होगी जब किसी की मूरत
चाहिए होती है सही निगाहें,
दरारें भी, होती हैं खूबसूरत

12. तबाह-ए-जान

आंखों का सुकून तुम हो ,
शख्िसयत का जुनून तुम हो
हो मेरी खातिर जान तुम ,
मेरी हदें कानून भी तुम हो
लफ्जों कि लड़ख तुम हो,
होठों की तड़प तुम हो
हो बयान मेरी रिहाई का तुम ,
मेरी राज-ए-सनक तुम हो
रातों की नींद अच्छी तुम हो ,
झूठी बड़ी सच्ची तुम हो
हो एहसास मेरे मन का तुम जान ,
बच्ची नहीं इश्क में कच्ची तुम हो
सफर हो, मंजिल तुम हो ,
आजादी मेरी बंदिश तुम हो
हो एहसान भी मेरा खुद पर तुम ,
तबाह-ए-जान , मेरी रंजिश तुम हो

13. दूर नही थी

है इश्क मुझे माना पर ,
बेहद तुम्ही से माना पर
रही रातें अधूरी, चलो ठीक
मेरी बाहों में , नहीं माना पर
कैसी साजिश, मेरी रंजिश ,
इश्क बदनाम, बदनाम इश्क माना पर
सारे सपने टूटेंगे, खैर सही
टूटेंगे चलो माना पर
यह खेल तुम्हारा माना पर ,
खेला हमने माना पर
सवाल तुम्हारे मुझ पर ,अरे वाह!
सवाल नहीं था माना पर
लड़की थी , हूर नहीं थी, माना पर
अजीब जवानी माना पर
कहती थी ना बातें, हां !
बातें मुझसे ही माना पर

14. अंदर की बात

कैसे ? किस जगह हमारी बात हुई!
फरि याद करो कैसे मुलाकात हुई
हुआ एहसास की सब छूट गया,
जब बारिश ,मेरे शहर तेरे बाद हुई
एक शाम में हुई कुछ ऐसी बात ,
मैं गया मिलन को अकेले साथ
लिया था हाथ मैंने वही गुलाब,
न पूछो फिर क्या थे ख्यालात
हमारी सवालियत ये भी थी मगर ,
देखो संभल बचकर मगर
जवानी नहीं है बचपना ,
खा जाएगी बेचारी समझ बैठे हो अगर
यह इश्क में मेरी मात नहीं ,
इश्क है कोई जात नहीं
मैं कह रहा हूं हो बला ,तुम जान
पर तुममे अंदर की बात नहीं

15. तुम्हारी आंखें

मैं लिखने बैठा हूं ,
उनके बारे में, शांत
अकेले, एकदम , भौंरे जैसा!
जान खो बैठा
एक फूल पर
बेतहाशा जिनकी सबसे
जरूरत है , वे निगाहें
समंदर के मनके सी,
कोयल के पंखों सी
अद्भुत है न?
तुम्हें एहसास होगा , नहीं?
किसी अनोखे , वन सी
कोई हिरण चंचल ,वो
बिलोरी-बिलोरी कोमल सी
और वो चमक! हाय !
कैसे संभालती हो इनको,
कैसे तुमने सवारा होगा,
देखा तो होगा खुद को,
आइने में!
शरमा गई होगीं ना ?
तुम्हारी आंखें!

16. तुम्हारा रंग

सबसे अलग सबसे नहीं ,
दूर से ही खिला-खिला
मेरी तुलना, छोड़ो न
दुधिया, या कहीं ज्यादा
चमकदार अलग सा
मैं देख रहा हूं पर,
देख, नहीं पा रहा
उस रंग को आंखें ,
भेद भी नहीं पा रही
यह कैसा टोना है!
मेरी समझ से बाहर ,
मेरी कल्पना से परे
यह अजब , आग से भी नाजुक
कहो कैसा है !
कहो न
ये रंग न, अभेध है
तुम्हारे वो रस छिप रहे हैं!
भला उन्हें कि मैं कहूं कैसे
तुम्ही बताओ
तुम्हारा रंग!

17. तुम्हारे होंठ

सब की तरह ,तो
बिल्कुल नहीं
नाज़ुक, बहुत नाज़ुक
गुलाब की कलियां?
न - न - न
मदार के फूल,
इतनी खूब,
बेफल के पर
इतनी मशक्कत !
अमृत के ढकते द्वार,
नागों की चमड़ी से खूब
यादों के तर्रार,
खूब गुलाबी, बेकरार
नरम मगर खिंचे हुए !
अफसोस!
आह ! बेहद प्यार
खुद्दार !
तुम बताओ कैसा होता है
सुनते रहना,
इनको यार .
तुम्हारे होंठ

18. तुम्हारे केश

घने, हां बिल्कुल
काले ,दूर से भुरे
छोटे, उतने भी नहीं
और तुम्हारे तरीके
यार !
कहना नहीं ! राज़ हैं
तुम्हारे बाल!
रेशम से होंगे, न?
या जालों से,
सुलझे हुए
हूं मैं अनजान न,
दूर से ही पहचान न
शराब की लार
अफसोस! हाय!
गुस्सा! काश !
सारी उलझन से परे,
हवाएं कर्ज़दार
इतनी असरदार ,खुशबूदार
आ-वे-श
तुम्हारे केश

19. तुम्हारी अदा

चलो दिखाओ
फिर से वही ,चंचलता
मनमुटाव
अचानक से मुस्कान ,
शर्म से बालों से परेशान
न तरीका है यह तुम्हारा
है न?
कम ऊंचाई, मुरझाई
छोटे कदमों से,
खिल पाई
तुम्हारी मुझ तक , ताक दिया
प्यारी मेरी, प्यार पिया
मुस्काते मटकाते
हर तूने था हाल लिया
कुछ तो तू सबसे जुदा,
खुद तुझसे है खुदा
खैर,
फिर अफसोस !
तुम्हारी अदा

20. काजल काग

जज्बात मेरे ,
हालात मेरे जेवर से
जेवरात तेरे
तेरी खुशबू ,
तेरे हाल
सांसों में लिपटी
आज की मलाल ,
नखरो से श्रृंगार
ऐसा कैसे ये एतबार
बरखा देखो , यह बरसे
तेरे नम को तरसे जहान
ऐसी ऐठन है , कैसी हां !
मिलो कभी बताएं जान
लब से लिपटी लाल सुर्ख
आंखों का काजल, काग
ले लिपटी हो , सबको सोखे
तेरे श्रृंगार सबसे अनोखे

21. गुलजान

है प्यार कहीं ना कहीं ही ,
न मुकरा फिर मैं भी कभी भी
है आज अंगारी हुस्न तेरा,
सी ठंडी गुल माल कभी थी
कैसे-कैसे है रंग तेरे ,
थी सतरंगी तू सजी थी
अनपढ़ मै नासमझी जड़,
तू विदेशी पढ़ी थी
बादल-बारिश, मेरे साथी ,
साथी तू संग खड़ी थी
था बड़ा गुरूर गुल जान मेरी,
तू गुल मालों में जड़ी थी
यह कैसा था वैसा ना है,
तू बदली ना कभी भी

22. ज़ालिम जादूगर

रह गया बकाया इश्क किसी से ,
रह गया जो उस वक्त उसी से
बिन बादी सब बेहतर था, जान
जब तक हुआ इश्क उसी से
मैं मालिक मुकद्दर वाला
वह भटकी, भी मेरा एहसास उसी से
बारिश थी वह मैं बंजारा,
बेमतलब साथ उसी से
तारीख थी कि एक सलाना,
मैं महीना का इतवार उसी से
जालिम थी कि जादूगर शायद,
इंतजार, इजहार उसी से
ऐसी थी ना वह शायद कभी भी,
सीखा था फिर कुछ खास किसी से

23. सच्चा-तुच्चा

सब जैसा भी सच्चा था,
तुमसे हमें सच्चा इश्क हुआ था
वादे थे , जैसे भी ,सच्चे थे
तो तुमसे सच्चा इश्क हुआ था
थे जैसे भी लम्हे अच्छे थे ,
तुमसे सच्चा इश्क हुआ था
कि कही कहानियां जरूरी जान ,
तुमसे सच्चा पर इश्क हुआ था
अकेले थे हाथ हमारे , खैर
तुमसे मगर सच्चा इश्क हुआ था
मानने को क्या, नाराज़गी , हाँ है !
पर तुमसे तो सच्चा इश्क हुआ था
जो भी था कड़वा था ,
सच्चा था, तो इश्क हुआ था

24. माना था मन

ना तुम्हें,

ना बताया मुझे .

अटपटी थी, कलम ,

ना जताया मुझे .

कैसे थे भ्रमण में तारे ,

तारों ने था सताया मुझे

माखन सी बोली तुम्हारी,

खूब तुमने पागल बनाया मुझे

मेरे किस्मत में था ना कुछ,

कुछ तो था सिखाया तुझे

तुम ठहरी थी नखरो की ,

नखरों ने था बहुत घुमाया मुझे

था इश्क बेहद ना समझोगी

समझ गई , क्या समझाया मुझे ?

मैंने था माना, मन तुम ही था !

मन ने मार गिराया मुझे.

25. तारे

हो शायद ,तुम्हें याद
या भूल गई हो ,
ना बिसरी हो वो रात ,
यादें झूल गईं हों
करवट ना बदली ,
न एहसास,
हर बात हर खयालात
मर मिटे सब तहकीकात
कैसे बिना पर ,
सब उड़ गए
दिल टूटे ना टूटे ,
सब जुड़ गए
मियां मोहब्बत थी तो पाक़ सफ़ा,
थी दोनों फूलों की कुल रज़ा
था शायद खामी तारों की, खैर
जो टूटे सितारे ही पहली दफा

26. फायदे

सब बनी बनाई थी सोबतें ,
हम चाहे भी तो किसे चाहते
ना मिले थे नैन ,फिर कैसे ?
मिले होते कायदे
समझती होती तो सब रोक देते,
उनको अक्सर टोक देते
वो ज़िद्दी थी बड़ी ही, शांत
खुद को कैसे ना रोक देते
अंगड़ाई ली थी ना फिर उसने ,
न मैंने फिर कुछ लब़ खोले
वह साक़ी थी जान खुदा,
तू बोले तो हम बोले
कैसे देता है तू सुकून,
कैसे-कैसे फायदे
ये इश्क़ न मुरीद तेरा, मै भी
इश्क न किसी को, थे चाहते

27. चुपचाप

सब फीका था , यार मेरे ,
बाकी बकाया प्यार मेरे
ए दिल बातें ना छिपाया कर,
मशहूर होने दे इतवार मेरे
बंदे बंदिश रखेंगे ,
रहेगा बेदर्द इज़हार मेरे
थोड़ी थी बाकी बातें ,
थोड़े ही थे इंकार तेरे
बाली बगुला में बेघर भी ,
चुपचाप में जोकर भी कि
थी अनजान नब्ज शायद ,
थोड़ी तो आवाज उधर भी
चलूंगा पीछे तेरे , जान,
रहेंगे बेदखल हर बार इधर भी
कुछ मोहब्बत बचाए रखा हूं,
मैं कुछ इश्क बचाना यार उधर

28. पतझड़ तेरा

याद है क्या पतझड़ तेरा,
तेरी अजीब सी शक्ल
हां , मुंह फुलाए हमेशा,
याद करो , पुरानी जगह
जब मिलन हो खत का तेरे ,
सब उतर जाए, झट से मेरे
होश कहां रहता है वैसे,
मैं तो मर भी जाऊं धत् से तेरे
पर न, मोहब्बत लायक नहीं हमारी ,
मेरी कहानी , नायक तुम्हारी की
तस्वीर भी याद रखो ये,
निशानी कोई और बची नहीं हमारी
रखो याद , हो फिर मुलाकात भी शायद,
ऐसी कोशिश हमारी ,
बेहिसाब भी शायद जाने जख्म सिएगा भी कौन,
अलहम बना नवाब है शायद

29. कहीं भी वही भी

तुम्हें नहीं महसूस होगा, शायद
कैसा होता है
किसी से इश्क करना ,
प्यार किया था तुमने.
चाहना किसी को ,
उफ्फ्फ! जीने की वजह
तुम कैसे पाओगी, खुद को
अकेला , है दीवाने ना बहुत
महज इतना सोच,
तुम कि इंसान ने
खुदको ना चाहा ,
चाहा चाहत से ,
किसी और की चाह को
बेखुदी , तो तुम बढ़िया रही
तुम कहो आईने में,
खुद को पाते हो खुद से,
झांकते हो ,जब खुद में
नहीं होते हो कहीं भी होकर
कहीं ना, तुम
ना समझोगी वो एहसास

30. किस्सा

मेरी यह शायरी , है किस्सा
खुद में !
मेरी नब्ज का, हिस्सा
खुद में!
हुई जब छानबीन यहां
खुद का था , खुद पिस्सा
खुद में!
लाचारी या बेचारी वो,
मेरी पहली चिंगारी वो
कंकड़ करकट की सी कोमल ,
तेरे प्यार कई , मेरी प्यारी वो
है देखो ना सब हुड़ में,
तुमको पाने की जुड़ में
कैसे किससे कहूंगा कि,
मैं खुद भी कहां हूं अब खुद में

31. पहला स्पर्श

इंतजार और फिर,
वह आखरी दिन
मेरे हाथ खाली,
हमेशा की तरह
मन में डर !
कंपकंपी , आह!
फिर हिम्मती दोस्त ,
और चॉकलेट महंगी वाली
कम से कम .
तुम थी वहीं थोड़ी दूर
"सुनो ! यह तुम्हारे लिए"
पहला स्पर्श
अनोखा, अलग , मूक
शर्म , खुशी और तुम्हारी हंसी
इंतजार और फिर,
वह एक एहसास,
अधूरा मगर वह,
एक एहसास!

32. बस बस बस

तुमसे मोहब्बत ,
बेहद बस!
हमेशा रहेगी,
बस बस बस
लाजवाबी, तेरी ज़ुबान ,
ज़ुबान की कश्ती ,
कश्ती बस.
कल-कल करती नदी
नहीं-नहीं पर ,
और थोड़ा क्या?
नहीं-नहीं बस
वो एहसास,
एक एहसास
तुमसे बात , फिर से साथ?
बस बस बस

33. बटे बटेर

फिर से इश्क ?
हो शायद
तुमसे और क्या
हो शायद .
क्या होगा पर?
कुछ भी, नहीं ,
सोचा रातें पूरी ,
और नहीं!
मेरी गलती थी?
शायद खैर!
मेरी गलती थी?
शायद भी !
बल्कि बादल बरसे,
थे तो बादल
बरखा भी थी क्या?
तुम भी शायद!
मेरी मेघा घटा घनेर
तेरी बातें, बटे बटेर
तू फिर मेरी?
शायद शायद!

34. सांप सीढ़ी

तुममें थी क्या?
मुझमें भी क्या ?
हम नादान,
बुद्धि के मारे
संसारों में ये संसार ,
उस पर भी इकलौता प्यार
प्यार भी उससे,
जो अनजान!
अनजानों में पहचान,
पहचानी तो थी
जानी तो फिर,
खेल गई!
यह मोहब्बत की,
सांप सीढ़ी
न हम उसके!
न वह हमारी!
बच्चे थे तो ,
अक्ल की मारी
इश्क में उम्र फिर क्या
होगी वहां मुहब्बत जहाँ,
नहीं रहती समझदारी

35. सयानी

खुशियां जाने कहां थी,
तकलीफें भी गुम रहीं थी
ना था आराम खुद को ,
खुद ही किस्मत सुत रही थी
इश्क था, थे सब जानते,
थे मैं, तुम , हम ,सब सही थी
लकीरें मिटीं, जल्दी थी शायद ,
मिलना था जिससे, यह वह ,नहीं थी
कुछ बातें वैसे भी यूं कह देता हूं,
कुछ लिखकर जतानी होती है
मोहब्बत भी ऐसी है, मियां
आए, ना आए, निभानी होती है
मैं अपने सपनों में खोया,
वह गुम भी वहीं थी
यह जवानी है दीवानी, हां!
वह थी समझदार पर सयानी नहीं थी

36. घमस

कुछ देखा तुमने ,
मैंने भी देखा तुममे भी
सारी दुनिया थी, शिकवे में परेशान,
थोड़ी शिकायत थी की तुमने भी
मैं ना मारा जाऊंगा , ऐसे कैसे
ज़िन्दा रहेगा दिल मेरा तुममे भी
यह हंसी चांद है कि गुरुरी जान है,
बताओ हजारों चांद छिपाये हैं तुमने भी
मालूम करना हो कर लेना,
आईना कमी बताता है तुममें भी
है सफल नहीं तो क्या कहानी,
एक रांझा फंसाया है फिर तुमने भी
बारिश है तो पूरी होगी ,
है घमस न? तुममे भी

37. समझाते तो

खुद में ढूंढा है मैंने तुमको ,
तुमने पाया होगा खुद को मुझमें भी
है नहीं यह इश्क तो क्या,
समझ नहीं आई क्या मुझमें भी
खूबसूरती ,क्या बला तुम्हारी,
कुछ तो शायद देखा होगा मुझमे भी
थी कमी तुममे भी माना, तो
कुछ जड़ इरादे थे मुझमें भी
मैं भी अनजान ,तुम भी शायद
पर कमी दिखी तुम्हें बस मुझमें ही
शक समझ आता है, दावा क्यों
समझाती तो समझ है ,मुझमें भी

38. बाली उमर

तीन फुट के शरीर में,
इश्क समाएगा कैसे
अकेला खुद से लड़का,
दिल की बात बताएगा कैसे
जहन्नुम से रिश्ता भी तो नहीं,
न इश्क को जलाएगा कैसे
हर चेहरा देखो सताता है ,
हर चेहरों को , यह समझाएगा कैसे
दिल पर लगे तो लगेगा बुरा ,
चेहरों की बात करेगा भला.
नफरत रही ना , कि प्रेम क्या है,
प्रेम से प्रेम तक चलेगा भला
रह जाएगी पीछे सारी डगर,
याद रहेगा हमारा ,तुम्हारा सफर
यह सच्चा तो है बहुत जान पर ,
प्यार कितना चलेगा , बाली उमर

39. कच्चे इरादे

समझदारी , इश्क में
वह कच्चे इरादे .
अजीब मसले ,
अजीब वादे ।
साथ साथ रहने के सपने,
सपनों में कुछ जुड़ते अपने
सपनों का एक परिवार ,
कच्चे इरादों के, आचार
खट्टी मीठी यादों के साथ ,
बेतुकी बातों के स्वाद
दुनिया ,चांद न जाने क्या-क्या,
मांगे , न हमको याद
फट्टू , दब्बू मेरी हालत,
उसके थे पर ,उच्च विचार
वह चाहे कुछ ज्यादा,
मैं मानव का निम्न आधार.
उसके लब अब किसी और काम के,
हाथों घड़ियां ऊंची दाम के
खेल थे न उसके सीधे-साधे ,
मेरे ही थे पर, कच्ची इरादे

40. बेफिजूली वादे

न थी इरादों की भरमार ,
वादों में था इतवार
पूरे जीवन , जीवन संगिनी
ऐसे भी थे उसके विचार
वो ठहरे महलों के खाते ,
हम बीमार चाय के प्यादे
संग संगिनी भाड़ गए फिर,
ऐसे थे बेफिजूल वादे।
लाते थे न, लिवा लिए ,
हमने बातें बना लिए
रखे मुंह में थे गुड़ मिश्री ,
फिर नए वादे हमने बना लिए
वादों ने दुख भी साधे,
इश्क में सारे पन्ने सादे
सब बिगाड़ देते हैं यहां, जान।
जहां रहेंगे बेफिजूली वादे

41. सब हमारी

उसकी आंखें , मेरी आंखें

सारी - सारी , सब हमारी

कमल की मोहब्बत ,

कलम का इश्क , सब हमारी

घर पर रहता रोशनदान ,

धूप तुम्हारी बाकी , सब हमारी

खिलता घर में नीम का पेड़,

सारी चिड़िया , सब हमारी

छोटे हाथों में नन्हीं जान!

जान तुम्हारी , जान हमारी

कहना किसी से न, न लेना मान

मुझे भी तो, जान हमारी

गालों के ना स्पर्श, अपराधी ।

मैं, गलती पर , सब हमारी

42. कमी थी

शहर मेरे कुछ कम ही नमी थी,
जहां तक थी सब, तेरी ज़मी थी
मैं फिर बादल रोता कहाँ,
कि ये भी तेरी कमी थी
तू तर्रारी लाल छुरी ,
जान! हमेशा मेरी सहमी थी
कैसे किस्से थे , सब झूठे तुम्हारे,
मेरी तो फिर भी हमीं थी
था नाम लिखा तो कब्र मेरी,
अफसोस वह भी तेरी ज़मीं थी
है कैसा जान से बिखरा, शांत
तुम्हें तो बेहद नहीं थी
मैं अलबेला था पर दब्बू आशिक,
चूमना पाना पर, मेरी कमी थी

43. मेरी आंखें

फिर जब हुआ ,
तो एहसास हुआ
सब धीरे-धीरे साफ हुआ
यहीं तक आ , पास थी
आशिक मेरी ।
यही आस है,
कि खास है ।
सरपट से आशिक,
बदलते , कैसे,
कैसे, कैसा एहसास है
नमक की तो बात
है फिर भी न थी
खारे जंगल सा,
सब साफ है
है प्यास मगर ,
होंठ पर सलाखें
कितना तड़पे पूछो ,
जाकर, ना रोया मैं
बिल्कुल, था।
रोई थी तो,
बस , मेरी आंखें

44. नम थी

दर्द बताऊं , कैसे जान ।
पहचानों आंखें थोड़ी ज्यादा नम थी
इश्क़ था भरपूर , जताते कैसे
हिम्मत थोड़ी ज्यादा से, कम थी
मेरा-तेरा था सब इश्क़ जो , फूल
तू ,तू ,मैं से ज्यादा "हम" थी
बताओ पहचानती थी कैसे मोती तुम,
गिट्टों में तो तब संख्या कम थी
था अलग, हुं दुनिया में मै
दुनिया वो अलग दुनिया से कम थी
अब है पुरानी तू, सुना है मैंने ।
सुना सबसे घातक पुरानी रम थी
ले लिया होता तूने कुछ मुझसे पानी
मेरी आंखें छोड़, मेरी समझ ज्यादा नम थी

45. खुदगर्ज

अभी भी है,
इश्क मगर
तुमसे ? जान बेहद ,
बेहतर!
लो बताओ !
किसे खबर?
दर्शक , श्रोता, सब
खुदगर्ज.
मजा , जाम तक रही
मन रहा मरकर
माटी की यह मोहब्बत थी,
मोहब्बत थी हम मगर
नहीं समझी तो तुम्हारा,
नुकसान !
मैं लड़का था सीधा,
जमकर
था नहीं चक्कर में
और
हिम्मत भी थी नहीं मगर

46. हीरा

को सबसे जमीं से,
प्यार में जा गिरा

कोई था काला खूब,
कोई अंधेरे में हीरा

कोई बेहद था बातूनी,
कोई गुमनाम था निरा

कोई था सीधा बिल्कुल ही ,
कोई नुक्सा में था भी घिरा

कोई अल्फाज छुपाता रहा उस उम्र,
कोई बातों से था मार गिरा

कोई हमी से अंत बना,
कोई कहीं से बना खीरा

था न फिर भी मालूम,
ऐसा भी कोई जा प्यार में गिरा

47. कीड़ा

मेरी आशिकी का,
वही आमुख था
मैं अजीब था ,
वही कामुक था
सही भी था , न सही भी
कठोर मगर भी नाज़ुक था
वह बड़ा ही था चतुर , मगर
साथ बड़ा ही भावुक था
सब थे सही नक्षत्र ,जब
वही मेरा राहु "के" था
वह था पुराना खिलाड़ी , खैर
मैं ही कच्चा , कीड़ा नाज़ुक था

48. तांबा

था इश्क होना तुमसे ,
तो होना भी होके था
ना समझी थी चतुराई ,
पर खुद में टोके था
पाया किसी और का प्यार ,
मैं उसे अब खोखे था
था डर , पर , ग़र न होता ,
मैं न खुद को रोके था
अंतिम दम तक थी जंग जारी,
अंत छोर पर झरोखे था
वो थे कच्छे बर्तन व्यापारी,
मैं तांबा था, भरोसे का

49. तुमको तुम ही से

कभी मिले तो ,
बताएं तुम्हें
खोल बाहें , गले
कसके लगायें तुम्हें
फिर हंसो तो,
बताएं तुम्हें
कि चुप करा कर,
गुदगुदी कराएं तुम्हें
कभी देखो तो ,
दिखाएं तुम्हें
बाहों के वर्ण ,
पढ़ाएं तुम्हें .
समझी हो दुनिया ,
तुमने तो .
तुमको तुम ही से ,
मिलायें तुम्हें .
जो जातिगत हो बातें ,
इश्क़ का कानून सिखायें तुम्हें
समझोगी न फिर शायद तो,
दूर खड़े रख बाहों को तड़पाए तुम्हें

50. धधकी

ये कम करो अदाऐं तुम्हारी,
रहम करो जान मुझपर ,
निगाहें झुका कर रखो
परवाह करो एहसान मुझ पर
लबों को रखो दबाकर यार!
करते रहना वैसा प्यार.
दिल दामिनी, धामिन सी तुम ,
चाल संभालो न ढ़ाओ अत्याचार
अपनी कला ये अपने हाल ,
फैलाती मछली की सी जाल
इश्क करो या व्यापार ,
किसे पता निचले का हाल
लौ सी धमकी यार तुम मुझपर,
धीरे से घटती जाती मुझपर
कितना लिखता बातें मैं , जान!
बहु मूक तुम क्यों थी मुझपर

51. शक था

मेरी मोहब्बत पर तुम्हें,
हमारे रिश्ते पर क्यों ?
मेरे बेइंतहा इंतजां पर,
हमारे किस्से पर क्यों ?
मेरी मासूमियत पर तुम्हें ,
हमारे नाम पर क्यों?
मेरी हैसियत पर तुम्हें,
हमारे सांझ पर क्यों?
मेरी आँखों पर तुम्हें ,
हमारे साथ पर क्यों?
मेरे 'न' पर तुम्हें ,
मेरे हाथ पर क्यों?
मेरी गुफ्तगू पर तुम्हें ,
हमारे एहसास पर क्यों?
मेरे जुस्तजू पर तुम्हें,
लम्हे खास पर क्यों?
था शक !

52. आज भी

चलो दो जवाब तुम,
तुम्हें मुझसे कुछ खास है न?
न? बिछड़ने के बाद,
बिछड़ने के बाद भी है न?
देखो छिपा तो सकती नहीं तुम ,
तुम्हें तुम्हारे मन अज़ाद है न?
इतने दिनों की आवारगी ,
कुछ तो बुरी बात है न?
बाकी ख्यालात, अधूरे ख्वाब
थोड़ा पश्चात है न?
हां मुझे भी है, तो शुरुआत!
तुम्हें भी कहीं न कहीं यार! है न?
कैसा प्रश्न है लो कर लो बात,
तुम्हें आज भी इंतजार है न!

53. शायरियों का पत्र

भेजा पत्र एक
शायरियों का,
दूसरों के ख्याल!
भड़ास तुम्हारी.
अजीब सी कशमकश ,
झूठी, मजाकिया पगली,
नहीं ? अच्छे कपड़े, हां
दोस्तों के!
बताओ क्या बात है ?
नहीं ! बिल्कुल नहीं!
तुम्हें लगा , क्या ऐसा ?
मज़ाककिया लड़की!...
ठीक.चलो माना मैंने ,
पर दोस्ती क्यों नहीं ?
हम सारस की जोड़ी .
नहीं चीज हो , खिलौने,
कैसे?
मानूं कैसे ?
मैं.
खुद सबूत,
उसका था पक्ष मंजबूत ,
थी फजूल सोंची उसकी!

मन में, पर
कोशिश तो की तुमने

54. षड्यंत्र

कैसे सवाल से, उठती ज्वार
बेदर्दी सा सच्चा प्यार
मेरी आंखें, तेरी ज्यादा ,
हो तेरे कैसे दीदार
हाथ न थामें ,जाम न जाने
करती कैसे, वह इसका सार
समझ से बाहर, उसके नखरे !
पल्ले पड़ते न, उसके तार
यह कुछ अनबन सा माहौल,
खून रहा था मेरा खौल
गुस्सा भी था , प्यार भी था
अपना ही था , वह बेड़ौल
आशिक थे तो सह गए ,
होते दीवाने तो हो जाती
जाना था तो कह देती,
मगर षड्यंत्र मे,भी बढ़िया थी

55. किसी तरह

दिन तुम्हें भी,
याद होगा?
हां ! क्यों नहीं !
दिवाली के बाद का धुंआ,
मुझे याद है सारे , के सारे
शोर इल्जाम
अकेला, परेशान !
खैर मिला भी वही ,
जो था सही.
ठंड से बढ़ी थी,
खूबसूरती तुम्हारी!
लब मेरे ,
वह दोस्ती हमारी
संकट में था आखिर कौन?
थी मगर मेरी बारी
हुआ था शुरू फिर,
कम नम हुआ
चलो किसी तरह,
सब खत्म हुआ?

56. हिम्मत

तो फिर मेरे ,
तोहफ़े मेरे,
लौटाई क्यों ?
नाम तुम्हारा, था
तो हक भी तो
बाकी, बालिग हुई
नहीं ! रुको ज़रा
मैं ! था? बच्चा!
खुलो ज़रा
कह दो किस्सा, सबको
बची हुई है अभी भी, जो बात
फिर क्या?
फिर करते रहना
'अकड़' का साथ
मैं नाचीज दुख ,हर देने की
सारी भड़ास ,
भर देने की
कहना फिर कुछ ,
जादू सा
हिम्मत , मन्नत पूरी कर देने की

57. अम्ल

मेरे आंगन भी ,
कमल खिला था
सब वैसा ही,
सफल मिला था
कि हम दोनों की पटती खूब,
हम दोनों को था आराम
किरकिट थी, कुछ नजरें पर ,
कुछ प्यालों में थे भी जाम
अंगारों में शराब चढ़ी थी ,
कि ऐसी कुछ बात छिड़ी थी
वह ना माने मैं ना मानूं ,
आज रिश्तो में आग लगी थी
हम दोनों में प्यार "नीला" था ,
सूख गया जो कमल खिला था
"तोहफे" मुझसे छीन लिए,
अक्सर आंखों में अम्ल मिला था

58. सजावट

था मुझपर पूरा,

हक तुम्हारा .

फिर भी था मुझपर

शक तुम्हारा.

गलियां नईं थी ,

यह मोहब्बत की

तेरे नीचे था

छत हमारा.

यह अलग नहीं कुछ ,

कि तू आसमां की छूट

तू बस खूबसूरती के,

नशे में चूर

यह शाम है ढल जाएगी ,

शाम को ढलना होगा ज़रूर

नहीं होगी अब और शिकायतें,

हैं कई देखी है मैंने इनायतें

ना बदलेगा तू, न मैं बदलूंगा,

न सिकुड़ेगीं अब रियायतें

था उस पर भी "मत" तुम्हारा,

खो जाएगा "आदत- ए - रत" तुम्हारा

यह इश्क था , नजरों में है,

सुना सजा रहता है, हर ख़त तुम्हारा

59. होंठ चूमना

मैं रहता नहीं,
कि तुम रहोगी नहीं
यह घर किसका ?
यह रिश्ता हमारा
कैसा है?
कमाल है ! बंधन
दूर के संबंध
जन में जारी
जैसा है ?
देखो जो है बात
सीधी सी!
सीधी बातों के ,
जैसा है
है नहीं विश्वास ,
ये क्या साहब ?
और चूमना, भी इश्क नहीं,
इश्क है या है मज़ाक

60. दीवानगी

तुम मुझे घूरती ,
मैं देखना समझ बैठा!
तुम लगाती आवाज हो ,
मैं कुछ कहना समझ बैठा !
है शायद मुझे बीमारी,
मैं इसे इश्क जैसा समझ बैठा!
नहीं है किस्मत में ,
कर्मकांड फिर समझ बैठा !
तुम हंसती , हंस्ती जैसा,
मैं पागल क्या समझ बैठा!
तुम्हारी मुस्कान मेरी जान!
लो अब तो मैं "जान" समझ बैठा
ये न दीवाना, मैं भी वैसे नहीं
दीवानगी खुद की, उसकी समझ बैठा

61. इश्क का मारा

हरकत देखो, चश्म में,
खैर नहीं
दूर का आशिक ,दीवाना मैं,
गैर नहीं
हूँ प्रशंसक , हंसी की तेरी ,
मुस्कानों का अब , खैर नहीं

लपट ली है , तेरी इश्क की आग
सागर में उसके ठहर नहीं
मुझे मोहब्बत सीखलाओ ज़रा
इश्क नहीं , मैं उसके बगैर नहीं
नाजुक मिट्टी का बर्तन हां ,
लंबे सफर की सैर नहीं
पथ पथिक, बंजारा , राही
इश्क का मारा , खैर नहीं

62. मक्के

थे वादे सच्चे ,
थे सादे , कच्चे
न थी रईसी , ही
न फकीरे लुच्चे
हमशक्ल मैं, यह आइना,
मैं बैठा वो आई ना
जानूँ जान तुम को कैसे ?
आगे कुआं पीछे खाई न!
तलब सिर्फ मुझे है या तूझे भी,
मैं ठहरा था, इंतजार है तुम्हें भी?
गज भर की है जिंदगी सुनो,
किलोमीटर का प्यार तुम्ही ही
जाने कैसे के , यह मक्के
मेरे अरमानों के थक्के
हम थे तो पाक़ी आशिक तेरे ,
तेरे ही ना थे , इरादे पक्के

63. बंदर

पूछो मुझसे, राज़ तुम्हारे ,
छिपे हुए ये ताल तुम्हारे
खाते पीते बस एक ख्याल,
कैसे होते हैं गाल तुम्हारे
आज बातें, कल हाल सारे ,
दिख रहे हैं लाली लाज तुम्हारे
यह आते जाते हैं पाते क्या
तुम मुझे बताओ , आज तुम्हारे
किसकी कविता ? किसके शेर?
सारे अरमां वही के ढेर
बनेंगे बंदर नहीं तुम्हारे,
समझ रहे हैं सारे फेर
यह फिर तुमने कैसे संवारे,
तुम्हारे आंखों में थे क्या नज़ारे
आशिक तेरे, कितनी बार ?
कहें जताएं , हम तुम्हारे

64. जमी ज़मीं

तुमसे कहे मैंने,
जो जख्म, सहे मैंने
रहे थे दिल-दफ़ा हुए ,
दिल में अरमां तहे मैंने
मुंह तक न देखा , तक
अंग कभी
पहचाना पर, रंग
ढंग सभी
एहसान ना भूलूंगा तेरा,
तेरे होंठ अंश सही
बेहतर जो , बकवास नहीं
जो उसने अफवाह
महफिल जमी, जमी-ज़मी मैंने
सोते अफसोस रहे, मैने
रोए पर ,छिपे रहे ,
मन के टोट हां सब सहे मैंने

65. तमाचे

तुमने दर्द , जख़्म और ,
क्या ही दिए होंगे
बस प्यार ही था, क्या?
ही मैंने लिए होंगे
न सफल होती के,
मोहब्बत होती
टूटी है ,
तो जिए होंगे
घर से घर तक,
बस सफर रहा
सपनों में,
एक डगर रहा
था न लफ्जों में ,
जान भी जान!
हरदम बस,
सबर रहा
कैसे झेला था ,
हमने सारे
बेवक्त के,
बे- नज़ारे !
की आंधी तो,
देखो

हाथ खुले पर,
सहे करारे
कैसे-कैसे थे?
तमाचे तुम्हा

66. मैं

देखी होगी तुमने , बस आंखें
के अंग अंग रोया था मेरा
पकड़ी होगी पलकों की चोरी बस,
रोम-रोम सोया था मेरा
थी तकलीफ़, कि बदल जाऊं
बदलूं किसमें खोया, मैं, मेरा
नब्ज़ या नाड़ी खैर अनाड़ी ,
वैद्य हकीम आया सौ फेरा
मजबूती थी शक भी तो था ,
कि खुशबू ने तन धोया था मेरा
हंसना , रोना , खुश होना , रोना
रहा नहीं मैं खुद ही मेरा
मैंने था सबको खोया
न रो कर मैं तुमपे रोया

67. सूखा

ये समा ये जहां , छोड़ो
पिया मेरा रूठा हुआ
ये दिया ये जिया खैर
सनम मेरा रूठा हुआ
ये अमन ये गमन, आह
आधा , मेरा रूठा हुआ
ये राधा ये वादा , ठीक
दिलरुबा मेरा रूठा हुआ
ये सुबह ये सायं, हां
हमजान मेरा रूठा हुआ
ये माया ये अन्जान, अच्छा ?
खुदा मेरा रूठा हुआ
ये दुआ ये धुआं, सूखा
खुद मेरा खुदी रूठा हुआ

68. कोशिश

मेरी कहानी, मेरी सारी रही
हां पर कोशिश जारी रही

बंद लब किए उसने मेरे ,
आंखों से कोशिश जारी रही

उस गली से भटक गई थी जो,
खुशबू की खोज जारी रही

बेइंतहा रहे मोहब्बत झूठ, खैर
झूठी कोशिश जारी रही

उसे था न पड़ा फर्क शायद ,
फर्क पड़े तब तक कोशिश जारी रही

एतबार था तो प्यार था,
इंकार की कोशिश जारी रही

मूर्ख वह हम, हम! हाँ
मगर फिर भी कोशिश जारी रही

अध्याय69

मैं एक पेड़ मोहब्बत का,
तू बरखा,मैं सुखता गया
मैं जवाब हर पहेली का ,
तू सवाल मैं ,पूछता गया
मैं गली का गरीब बच्चा,
तू गोला , मैं चूसता गया
मैं शराबी गांव का कोई ,
बच्चन की मधुशाला तू , मैं लूटता गया
मैं आखरी दर्शक,
तू गीत नुसरत का, मैं रूठता गया
मैं कोई आशिक पुराना,
तू आज का दिल , मैं टूटता गया

70. तुम्हारी हंसी

देखो फिर वहीं,
आ गए! नहीं ?
कैसे?
नदी की कलकल जैसे
पत्तों की एक साथ
बरसात
बारिश का शोर ,
नहीं-नहीं ...
उसके बाद की बूंद ,
रोंगटे खड़े कर दे.
इंद्रधनुष देखा है?
मैं रोज देखता हूं !
मोती के साथ तारे .
मेरी ओर हो तो,
सहमें ...नहीं...न
पता नहीं, बस
सुकून जैसा कुछ
कैसा लगता होगा ?
आंसुओं को घेरते हुए,
लाजवाब!
तुम्हारी हंसी

71. तुम्हारे मज़ाक

आह! बिल्कुल बकवास
बेहूदा !
कितने बुरे बताता हूं
कल्पना करो पेड़ की,
छाल बिना पेड़
तली बिना गिलास
उल्टे हाथ,
बिना सिर पैर
बकवास
बुरे हैं सच में,
मानो!
मैं हंसता था, माना
बुरा ना लगे जो तुम्हें जाना
तुम्हारे व्यंग्य,
पुराने छत से
आभासी!
बात चटपटी , कभी-कभी
कर्कश , कोमल, आवाज
बनावटी चेहरा ,
तुम्हारे मजाक

72. तुम्हारी खुशी

मेरी है
तुम ? नहीं ! अभी तो
पर वह है
खुशनुमा वैसे भी,
जैसे सावन ,
तुम, सोचो खुशी चारों ओर
जैसे विवाह नया ,
जोड़ा , बिल्कुल चुप
तुम्हारे गाल ,
उर्दू की शायरी!
कहीं-कहीं हल्के लाल!
उस पर कैसे रहे न?
जचती है, हंसी
सजती है, सभी
तुम न बेमिसाल,
एक और बार
तुम्हारी खुशी
बेवजह हंसा करो न,
खुश रहती हो
रहा भी करो न ऐसी,
जैसी,
तुम्हारी खुशी

73. तुम्हारी आवाज

अरे रे! आ ही गए
थोड़ी बनावटी,
जबरदस्ती की सजावटी
है मगर धारी
कुछ भी कहो
सुर पावक तुम्हारी
सम्भलो कहीं खो न जाना ,
कहीं खुद की ही हो न जाना
अपने लब रखना संभाल,
खुद की लोरी में न सो जाना
समझो अच्छा!
बांसुरी की सी ठीक ,
वैसे सुरीली
उम्रदराज सी मगर!
हल्की-हल्की
ज़ोर देना होगा
शोर में न होगा
कुछ तो अलग,
करती हो खास
कैसे पाई तुमने,
तुम्हारी आवाज

74. तुम्हारी सहेली

अरे ना करो बात उनकी
बुरे नहीं पर,
अच्छे भी नहीं
कई चेहरे हैं,
दो, याद अधिक है
चेहरों से नहीं याद,
उनके चरित्र ?
अरे! मैं कौन होता हूं ?
चरित्र कहने वाला
सही!
सही, उतनी नहीं
पर उतनी भी नहीं
इसका समझो अंतर ,
गहरा नहीं
थोड़ा ही समंदर
बस थोड़ा!
जैसे गुलाब के गिर्द, चमेली
नहीं रहती, जो तितली
अकेली!
बस वैसा ही फर्क है
तुम्हारी सहेली

75. तुम्हारा श्रृंगार

जैसे पत्तों में हरियाली,
जैसे पूनम की रात खाली
तन बावली मन सांवली ,
तुम पर जचती चीर कि , काली
रंग पनिहा , मन माने न
कैसे घर सुंदर , अंदर जाली
बावली बेकार नहीं , पसंद
उसके वस्त्र ज्यादा सांवली
ताज की शान, आज की उसकी
नक्काशी पानी पाली खाली
हरदम बाग़ी फिर फरार
कि फीका तुम्हारे आगे संसार,

तुम सब करती ही हो क्यों , आखिर
तुम खुद ही में हो श्रिंगार

76. हां

तुम्हारे नखरे भी कमाल के थे,
मेरे सपने कई साल के थे
बरकत बेरुख सी बाली थे ,
थे मगर कम कद कमाल के थे
बाल उनके काले के थे ,
जो भी थे न संभाल के थे
कि अनंत तक प्रेम मिथ्या थी,
बकरे यहीं हलाल के थे
सरपट सी उड़ी पतंग,
आसमान भी इस जाल में थे
बालू सी थी भारी मोहब्बत ,
होठ उसी ही लाल के थे
हां करती थी ,निगाहें फिर भी इश्क़
वह लम्हे भी कमाल के थे

77. जल्द

अब जब सब,
खत्म हुआ
हम पर कैसा
सितम हुआ
आंख में डाली थी
जो कजरे
नहीं नहीं न
तेरी न नुकरें
बदल गया
बदल गई वो तो ,
जल्द !
जल्दबाजी थी उसे ,
आह ! सब उसके नखरे
किसकी पनाह
आशा, बेहद खुशी
की कमरे ,
लचक रही
जो झुकी नजरे

78. उजरी

आंखें कैसी , तुम्हारी

बातें कैसी तुम्हारी

हुस्न कैसा तुम्हारा,

आधा कैसी तुम्हारी

राम कहां? पता नहीं !

तुम से, तुम अनजान तुम्हारी

मैं बंदूक की नोक का मानव

तुम गोली, शान तुम्हारी

कलगी सी, सुंदर अदा,

पंखों सी तारीफ तुम्हारी

रहते रहते रह जाना वो,

हकलाती, मुलाकात हमारी

बर्बादी थी, बेमानी थी

सुनसान था, परेशानी थी

काले थे इरादे शायद ,

उजरी थी पर आंख तुम्हारी!

79. नया अध्याय

तुम बदली, मैं न फिर
इसका कुछ ना हुआ उपाय
बेहद था जो टूट गया,
खुलकर आया नया अध्याय
था कोई अपना, अपना नहीं!
कहा था यार सपना नहीं
पढ़ाती थी , लड़ जाती थी
यार बिखेरा, हम, न? नहीं!
सब टूट गया, सब छूट गया
समय रहते वह रूठ गया
यार वह न माना दीवाना ,
कमबख़्त ! जंग में कूद गया
गालिब़ भी रोया था, खाए
धोखा मिठाई , खूब मिठाए
आज भी याद है सब कमाल
यार ने रचा जो था, नया अध्याय

80. नस्ल

सब बदल गया ,यार

जब कूद गया अपना ही यार

मोहब्बत भी भरोसे से बाहर

न हाथ में था न कुछ भी यार

समझ से होता गया सब बाहर

मेरे नसीब के टूटे गागर,

बड़ा सही था, नया अध्याय,

जब टूटी कलम , टूटा संसार

लहर से लहर की टकरार थी

लौ मुझमें बाकी प्यार की ,

था कि बकाया शायद वहां भी हो

लो मिया! वह बड़ी खुद्दार थी

था मैं चुस्त कहानी लाचार थी

थी वह चतुर, समझदार थी

शायद होता भी न, था ! मिलन फिर भी

अमां! नस्ल ही हमारी गद्दार थी

81. आगे कुआं पीछे खाई

मैं ठहरा था वहीं
अनंत में कहीं,
भी सब पगडंडीयां बंद
गुम आवाज भी कहीं
मैं अकेला सब सह रहा ,
खुद निर्दोष कह रहा
बाकी शायर गलत था मैं,
मैं तो आज भी यही कह रहा
थी बात दुख कि यह सुनो,
दोस्त या मोहब्बत एक चुनो
न इधर के रहे न उधर के रहे,
दिल ने कहा मन की सुनो
सब छोड़ा सब बेवफाई,
ईमानदारी काम न आई
क्या करूं मैं जाऊं कहां ,
आगे कुआं पीछे खाई

82. चतुराई

देखो , मोहब्बत ...
मीत! मिठाई
जिसका चला ,
उसी को भाई
दुनिया, दारू ,सब बेकार
प्यार बेनाम बेवफाई
था लड़कपन तो ,
मगर दम नहीं
था कुछ करना पर ,
कम नहीं!
सफर जारी हुआ था ,
तभी शांत
आज बात हो पाई
मोहब्बत माफ़िक , कमीनाई
मिली नहीं , न सच्चाई
प्यार करो तो करो दिखा ,
काम आएगी चतुराई

83. कुछ कुछ

तुम गलत थी, मैं बगैर ,
तुमसे चलो बचना ही था, खैर
बारीक थी कहानी, ये हमारी
क्यों कहना किसी से, खैर
थी शिकायत जो कह दिया,
तुमने भी था बोला , खैर
हुआ जो सब अनजाने थे,
भूले बिसरे , बढ़ते हैं, खैर
तुम ना करती ऐसा भी तो,
मैं न होता, हूं जो ,खैर
नहीं इरादा था पर वह भी,
तुमने आधे में छोड़ा था ,खैर
चलो चलें सब छोड़ो भी ,
जो कुछ हुआ तो होना था, खैर

84. वैसे नहीं

जो हुआ, सो हुआ
पर वैसे नहीं
न तुमने चाहा , मैंने भी न
चाहा खैर वैसे नहीं
थी देखी , जालिम दुनिया
मैंने तुममे तो थी,
तुम बदली भी,
वैसे नहीं सही
सही रास्ते,
कुछ नहीं होते
होते हैं, खैर
वैसे नहीं
नहीं चाहिए होता कुछ भी,
कुछ बातें ,
बस मुलाकातें ही
बेहद बरखा सी भी पानी,
नहीं चाहिए,
वैसे नहीं
भूला था, अब तक,
अब क्या?
भूल जाऊंगा
जो हुआ सो हुआ, पर

सुशान्त कुमार

वैसे नहीं

85. मोहब्बत करने वाले

एक वक्त होता है,
सब भूल जाते हैं
सारे वादे भूल जाते हैं,
जाते हैं हो बढ़िया रिश्ते ,
रिश्ते में सब खुल जाते हैं
दुनिया बदली हम भी बदले ,
चलो सब बाकी भूल जाते हैं
ऐसा भी होता है शायद,
भंवरों के लग ना फूल जाते हैं
नारंगी लगती है दुनिया साहब ,
न रंगी है भूल जाते हैं
ऐसे वादे सब बेकार,
बेकारों में चुभ शूल जाते हैं
मोहब्बत करने वालों से पूछो ,
मर जाते हैं ,तो भूल जाते हैं

86. नादान

मोहब्बत है , या सामान होते हैं
हम इन सब से अनजान होते हैं
कैसे होते हैं चेहरे, यार
छाती में अक्सर शमशान होते हैं
होती है काली , काल गहन
गर्मी में अक्सर तूफान होते हैं
जो होता है , है सही-सही ,
हम बागी ही, बेजान होते हैं
दीवाने हैं लड़ेंगे ही ,
दिल में भी अनजाम होते हैं
होती मोहब्बत तो मार खाते हैं ,
हम एकतरफ़े महान होते हैं
कैसे भी कर लो , टूटेंगे
दिल हैं , कमबखत नादान होते हैं

87. मैं हूं हम

कहां मिले याद है? हम !
कहां हुआ , मिलना हरदम
बेबस होती है जान, मोहब्बत
बेकरार होते हैं हम
हल्की सी होती है तार ,
तार दिलों के पिरोते हैं हम
बड़ी मुश्किल है , दिलदार होते हैं
फिर दीवाने होते हैं , हम
कैसी भी थी कहानी हमारी,
"तू", नहीं! "मैं", नहीं ! , "हम"
चाहा करो किसी को भी , ठीक
उनसे बचो, जब बोले हम
हद ना करो मियां, तुम खूब
तुम एक "मैं हूं हम"

88. चल रहा हूं

अब तेरी चुप्पी को न,
न, मान लिया है
मै रहा बेरोजगार हमेशा,
तेरे लहजे से मैंने काम लिया है
लिया है उधर मोहब्बत तो जान!
जान चुकता किस्त मान लिया है
अब न याद करेगें, हम कभी,
खुद याद उसी को मान लिया है
फुटेगें, टूटेगें तेरे दर ना जाएंगे ,
खुद ही को खुद्दार इतना मान लिया है
है मुहब्बत तुझे तुझे , चल छोड़
तेरे प्यार को नीला मान लिया है
एक एहसास है अब तुझे पाने में,
तुझे खुद से ही खुद का मान लिया है
ले चल रहा हूं मैं तेरे मन से,
मैंने खुद के खुद को जान लिया है

89. मैं भी

तुम रोई थी,
तो मैं भी
तुम खुश थी,
तो मैं भी
थी मोहब्बत हां, था
प्यार में , मैं भी
थी अंदर तक की मंजिल,
छोड़ा, टूटा मैं भी
कितने आशिक ,खेल है क्या
क्या खिलाड़ी ,मैं भी
तर- बतर हो गया मैं,
कह न अब मैं भी .
आधी के आधी थी ,
मेरी मोहब्बत , मैं भी
कम से कम थी तो
मेरी चाहत , मैं भी

90. वैसे भी

कि हर किसी का दर्द था न,
मेरा तुम्हारा वैसे भी
यह हम सबका मर्ज था न,
मेरा ही मेरा वैसे भी
सबसे पहले की , शुरुआत
शुरुआत मैंने तुमसे वैसे भी
यह नहीं बुरे कोई हम, तुम
दूरी बनी, वैसे भी
तुम लाजवाब थे, बेहिसाब
सब जानते हैं, वैसे भी
कह दो यह दो तरफा है ,
मैं रोता हूं वैसे भी
सफल रहे , चलो मोहब्बत
खैर नहीं हमारी वैसे भी

91. जोकर

हंसता खेलता अलग सा , लगी ठोकर!
रह गया कि केवल ,जोकर !
बढ़िया था सब , खुद की दुनिया
जब तक थी , दुनिया ऊजर
ना था कुछ भी , सच में!
ढह गया घर उसका फूहर
अंदर खुश था, बाहर खुश था
नहीं चाहिए था प्रियवर
आंखों में देखा त-था सपना ,
सपना ही था , था वह जोकर
अलग नहीं था कुछ भी वहां ,
उठ गया फिर सोकर , जोकर

92. नसीब में

मत ढूंढो अब इश्क, हबीब में
कोई मिल जाता है करीब में
रोते रहते हैं, नुकसान के मारे
दिल गुम होते हैं, गरीब में
मेरे आखिर थी न , तू मोहब्बत
पहली भी न तिल जीभ में
सागर भागीदारी, आंखों में
कोई अपना है अजीज़ में
मिली थी मोहलत, तो ठीक था
अब समय नहीं है करीब में
जोकर भी तो कर बैठा इश्क, रानी से
खैर कहां बेगम उसके नसीब में

93. पत्ते से बाहर

यह मोहब्बत पहली नहीं होती,
इश्क एक ही नहीं होता
होती है कमर कसने के बात ,
करते रहने से फिर क्या नहीं होता
राहत न लो प्यार करो ,
खुद की ही शुरुआत करो
कुछ भी पहला नहीं आखरी,
पहले से ही, अच्छे का साथ करो
नाज़ुक मेरी सांस भी ही ,
फूली तड़पती जान भी ही
ले बातों का बेदर्द फिर स़ाकी ,
साथ कहानी, शान की बेहद ही
बेहद है भी तो बेखुद भी,
जब तक थी तब तक थी
यार लकीरे झूठी हैं होती ,
बेगम पत्ते से, बाहर कब थी

94. पन्ना

तुम,तुम्हारा नाम , हमारी कहानी
बेदावा कि, मेरी रानी
हर पल यादें , बेबाक बातें
हक से कैसे ,मेरी रानी
तू जो सपना रहा मेरा,
तू ही होगी, मेरी रानी
सरपट से अटकन सी बात ,
उसकी मर्जी तो,मेरी रानी
लाखों का रिश्ता बातों से खिंचता
मेरी बेगम ,मेरी रानी
लो फिर फेंट गड्डियां, एक बार
चुन लूं पत्ता , मेरी रानी
इतना दावा फिर भी क्यों?
न मै राजा, राजा की रानी

95. सेज

बारूद से दूर ,
शहरों की छांव
कैसी महकी यह कविता
पत्थर से संगीत,
उसके मुख्य गीत
उसकी सादगी,
मेरी मीत
पैदल ही बाघों की शान ,
अंगूरों का मकान
यह बस यूं बेमतलब हि,
मैंने किया खूब बखान
इस मधुर कविता के तेज ,
तेज , तर्रार यहां से सेज
तेरी पर्वत सी ऊंची शान ,
यह कविता उसका सम्मान

96. मरने से बुरा

नियत नेक, कतरों की जेब
दिल चोरों का अड्डा "एक"
मय में मैं तन से तम तक,
सारी दुनिया , मोहब्बत एक
बगुले की सी साफ कहानी,
गर्दन उसकी तिरछी, एक
आग लगा कर गया अनेक ,
एक ही लड़की , मोहब्बत एक
फिर बातों का फिर ,वही
धूमधाम की बात ही , एक
मरने से बुरा भी बताऊं,
टूट एक जाए वो, मोहब्बत एक

97. कहानी

यह हमारी पूरी कहानी थी,
थोड़ी कविता की जुबानी थी
थी केवल बातें उसकी ,
उसी की तो समझानी थी
सही रहा नहीं वैसे कुछ,
ऐसा नहीं कि दिलबहलानी थी
तूफान था, हाथों में
अंगारों में आग लगानी थी
कहना भी था कुछ जरिए इसके,
कुछ बात खुद भी बतानी थी
थे लम्हे, है मेरे बड़े सुहाने
कुछ-कुछ तो आनाकानी थी
जो भी था वह , रानी मेरी
यह मेरी रानी की कहानी थी

98. आखरी दुआ

रिश्ते बने बिगड़े ,
हम रहे एकदम साथ
तुम मुड़ी , चली गई
हो कैसे इसका एहसास
मेरे दर्द , तुम्हारे आशिक
तेरे दर्द , मेरे घाव
ऐसी कुछ तो खास थी
मेरी कोशिश , तुम्हारे भाव
तुम समझोगे भी कैसे
कितने ठंडे , कितने अलाव
हम न रहे भी तो रहेंगे,
रहेंगे जिंदा हमारे घाव
मेरी आखिरी दुआ , "आखरी हाय"
तो तुझसे से मोहब्बत उतरी जाए
है नहीं यह सच पर फिर , देखो
दिल तेरी ओर ही आए

99. प्रेम रोग

क्यों इतनी खूबसूरत हो,
बताओ मुझे अब
क्यों मेरी जरूरत हो,
बताओ मुझे अब
है ना मोहब्बत तो,
जगाओ मुझे तब
करो इश्क तो ना ,
सताओ मुझे अब
खेलो न मुझसे, न
घुमाओ मुझे अब
थाम लो हाथ अब , न
नचाओ मुझे अब
हुआ प्रेम यह रोग मुझे,
बचाओ मुझे सब
तुम्हें भी है क्या ये,
बताओ मुझे अब

100. कब तक

दुख तुम ही से ,
मोहब्बत भी जाने क्यों
हर दफा, मुकरना
लगता फिर जाने दो
कह दो बेहद तुम्हें भी है ,
जानना है बस जाने क्यों
रह रहे कर मरता हूं मैं ,
मरता नहीं बस जाने क्यों
सही से तह तक , रह-रह कर,
रह जाती हो जाने क्यों
मैं दिलवाला तुम दिलदार ,
दूर का इश्क ऐसा क्यों
मानो, जान, पहचानो न,
कब तक चलेगा ऐसा यूं

101. रानी

"तुम खुद में एक कविता हो"